H. J. Gräber

Der Jesuitenorden

H. J. Gräber

Der Jesuitenorden

ISBN/EAN: 9783743401259

Hergestellt in Europa, USA, Kanada, Australien, Japan

Cover: Foto ©ninafisch / pixelio.de

Manufactured and distributed by brebook publishing software (www.brebook.com)

H. J. Gräber

Der Jesuitenorden

Der Jesuitenorden ist eine der seltsamsten Erscheinungen der Geschichte. Er steht einzig in seiner Art dadurch da, daß er ein Kunstprodukt ist, einer sehr komplizierten Maschine vergleichbar, die von Menschen ersonnen, von Menschen zusammengefügt und von Menschen in Bewegung gesetzt worden ist. Der Orden entbehrt jeglichen freien Wachstums; er ist nicht gewurzelt in dem Boden des Vaterlandes, nicht verzweigt mit den Entwickelungen und Fortschritten der Völker, darum nicht im Einklang mit der Zivilisation, und ohne Nahrung und Belebung von seiten wahrer Wissenschaft und Kultur. Herausgerissen aus diesem allen steht er für sich isoliert und operiert nach eigener, in sich abgeschlossener Eingebung. Er ist deshalb gezwungen, dem Strome der Weltbewegung sich zu widersetzen, die abwärts fließenden Gewässer mit Gewalt bergauf zu treiben oder alles Widerstrebende erbarmungslos niederzumachen. Dies geschieht alles unter der Devise: „ad majorem Dei gloriam", „zur größeren

Ehre Gottes", in der That und Wahrheit aber, um alles dem Papste zu unterwerfen und allein auf Erden zu herrschen. Zunächst war die Spitze des Ordens, obgleich er auch Heidenmission getrieben hat, gegen den Protestantismus gekehrt, als den nächsten und mächtigsten Feind, welcher das Papsttum im 16. Jahrhundert völlig zu verschlingen drohte. Um jenes unermeßliche Ziel der Weltherrschaft zu erreichen, erschien es von nöten, dem Orden eine durchaus militärische Organisation zu verleihen.

Der Stifter und erste General desselben Don Jnigo Lopez de Recalde genannt Ignatius von Loyola, war ein ungemein phantastisch-energischer Charakter, ein strenger, eitler, rücksichtsloser, merkwürdiger Mann aus dem vornehmen Hause Loyola. Er war nicht nur Soldat, sondern hatte auch eine durchaus soldatische Natur, voll Willenskraft und Selbstverleugnung, dabei ein südliches, spanisches, exzentrisches Naturell. — Er hatte die Festung Pampelona gegen die Franzosen zu verteidigen. Die Stadt war schon verloren, eine Kapitulation war in Unterhandlung, allein Ignatius unterbrach sie, warf sich in die Citadelle, stürzte sich an der Spitze der Mutigsten in die Bresche, ein Stück Mauer zerschmetterte seinen linken Fuß, eine Kanonenkugel seinen rechten. Die Citadelle ging natürlich verloren. Ignatius wurde zur Heilung seinen Verwandten über-

geben. Wegen verkehrter Behandlung mußte die frische
Wunde aufs neue aufgerissen werden. Die äußerst
schmerzhafte Operation ließ ihn keine Miene verziehen.
Er war eitel und vornehmen Wesens. Da ein
Knochen am Knie häßlich hervorragte, ließ er ihn weg=
sägen. Eine eiserne Maschine konnte den verkürzten
Fuß nicht länger machen. Er mußte sein ganzes Leben
hinken, was er jedoch, wie berichtet wird, mit vielem
Anstand that. Ritterromane, Legenden und Heiligen=
geschichten beschäftigten ihn während seiner langen Leiden.
Aber was er zu seiner Unterhaltung ergriff, fing an
ihn selbst zu ergreifen.

Nun betrieb er die Religion als das zweite Feld
seiner Thätigkeit, wie früher das Soldatenleben, mit
eben dem Eifer, mit derselben Thatkraft, und jenem
phantastischen Feuer südlicher Leidenschaftlichkeit, welches
uns, den kälteren Verstandesmenschen, eine künstlich er=
zeugte Affektation erscheint, bei den Südländern aber
zur Natur gehört und also auch Wahrheit ist. Seine
religiöse Begeisterung nahm deshalb auch den Charakter
des Soldatentums an. Religion war ihm Kriegführen.
Zuerst, wie es bei tiefer angelegten Naturen der Fall
ist, mit sich selbst und der Sünde im eigenen Herzen.
Wie Luthern in seiner Klosterzelle sein ganzes Leben
als eine große Sünde erschien, daß er ausrief: „Sünde!
Sünde! Sünde!‚ so bei Ignatius. Auch darin glich er

unserem Reformator, daß er alle Mittel, welche die
Kirche bot, anwendete, um der Sünde Herr zu werden;
aber ebenso vergeblich wie jener. Keine Kasteiungen und
Heiligkeitsbestrebungen konnten die innere Qual beschwich=
tigen. Zweimal legte er mit der ängstlichsten Gewissenhaf=
tigkeit eine Generalbeichte ab, enthielt sich einmal eine
ganze Woche lang jeglicher Nahrung, stand um Mitter=
nacht auf, und betete täglich sieben Stunden auf den
Knieen, geißelte sich täglich dreimal und war sogar
dem Selbstmord nahe, um solchem peinvollen Leben
ein Ende zu machen. In diesem aufgeregten Zustande
kamen ihm, wie das bei Fastenden häufig geschieht, Er=
scheinungen, Visionen, Verzückungen. Er schaute das
innerste Wesen der heiligen Dreieinigkeit in einem
Phantasiebild, Maria erschien ihm, er weihte ihr, seiner
Donna, seine Waffen, stand Schildwache vor ihrem
Bilde, und, als Mann voll Energie, wollte er dieselben
großen Thaten thun, wie Dominikus und Franziskus,
die gefeierten Gründer des Dominikaner= und Franzis=
kanerordens, deren Lebensbeschreibungen ihn so außer=
ordentlich fesselten.

Aus der trüben Mischung aller dieser Elemente
erklärt sich nun leicht jener merkwürdige Vorgang in
seinem Leben, der für ihn der entscheidende war, und
durch welchen er aus dem qualvollen Zwiespalt und
Kampf mit der Sünde, der ihn total aufzureiben und

zu verzehren drohte, herauskam. Es ward ihm nicht gleich Luthern das Glück zu teil, einen frommen Mönch zu finden, der ihn auf die Vergebung der Sünden und auf Christus und sein verdienstvolles Opfer hingewiesen hätte, und eine Bibel, die ihn zur rechten Erkenntnis hätte führen können. Er war genötigt, sich selbst zu helfen. Wie er das that, ist für den ganzen Orden entscheidend geworden: Selbsthilfe, sich selbst heilig und selig machen, das ist der Weg, den uns die Jesuiten zeigen. Ranke erzählt in seinen „Päpsten" (I., 186.) diese Thatsache mit folgenden Worten: „Eines Tages war es ihm, als erwache er aus einem Traume. Er glaubte mit Händen zu greifen, daß alle seine Peinen Anfechtungen des Satans seien. Er entschloß sich von Stund an, über sein ganzes vergangenes Leben abzuschließen, diese Wunden nicht wieder aufzureißen, sie niemals wieder zu berühren." Also nicht auf dem Wege innerer Verarbeitung und Durchbildung gelangte er zu dem Frieden seiner Seele. Nicht eine deutliche, aus Gottes Wort geschöpfte Erkenntnis des wahren Heilsweges, der durch Christus geschehenen Erlösung führte ihn zum Glauben; nicht Gott war es, der ihm die Sünde vergab, wie Jesus der großen Sünderin: „Dir sind deine Sünden vergeben!"; sondern er vergab sie sich selbst; ein eigens gefaßter Entschluß warf ihn in eine andere Bahn. Hier finden wir keinen Glauben, sondern einen Willen. Eigene Kraft, eigene Thätigkeit, die sich in religiös=kirchlicher Form entfaltet, bildet das innerste Wesen des Ignatius und seines Ordens. Der alte, natürliche, sündliche Mensch kann dabei vollständig mit in diese neue Art der Thätigkeit hinübergenommen werden. Eine wirkliche Erneuerung und Heiligung des Herzens durch den Heiligen Geist, eine Wiedergeburt, wie sie Jesus nennt, findet dabei nicht statt. Ein fleischlich religiöser Eifer ist die Charakteristik des Jesuitenordens.

Nun war der Ordensgeneral fertig, und vorwärts ging es zu großen Thaten. Freilich machte er noch erst einige Kreuz= und Querzüge, bis er das rechte Feld seiner Thätigkeit fand. Er wollte nach Jerusalem! Er wollte die Türken bekehren. Wirklich humpelte und bettelte er sich auch bis zur heiligen Stadt durch, wurde aber dort verkannt, zurückgewiesen, und ohne auch nur einen einzigen Türken bekehrt zu haben, langte er wieder in Italien an. Er stellte sich hier dem Papste unbedingt zur Verfügung, und was im Orient bei den Türken nicht gelingen wollte, sollte nun im Abendland an den Ketzern, den Protestanten, versucht werden. Eine geistliche Soldatenkompagnie, — denn er hatte inzwischen einige begeisterte Anhänger gefunden, — zur Bekehrung oder eventuellen Ausrottung der Ketzer stand auf einmal da auf dem Schauplatz der Weltgeschichte, voll religiösen Feuers, unbedingt zum Gehorsam bereit. Das war eine Schar, mit welcher der Papst etwas Erkleckliches anfangen konnte!

„Kompagnie Jesu" nannte Ignatius seine Schar. Der Jesuit soll mit einem unbedingten und absoluten Gehorsam, der vornehmsten aller Tugenden, sich seinem Obern unterwerfen. Er soll sich selbst für nichts, für einen Leichnam (cadaver) halten, so lautet der Ausdruck, dagegen in seinem Oberen den persönlichen Christus verehren, so lautet der Befehl. Von der von Ignatius verfaßten Schrift, „Geistliche Übungen", dem wichtigsten Andachtsbuch des Ordens, wird mit frecher Stirn behauptet, es sei von der heiligen Jungfrau dem heiligen Ignatius eigenhändig geschenkt; es finde sich also hier eine Offenbarung, welche derjenigen in der Bibel mindestens gleich sei. Wenn wir wissen, so heißt es, daß diese Schrift eine geoffenbarte ist, (und davon haben wir augenscheinliche Beweise) so dürfen wir uns nicht darüber in Erörterungen einlassen, sondern müssen uns ihr unterwerfen. (Papsttum und Jesuitismus; Briefe aus Rom von L. de Sanctis; S. 8.)

Aus diesem unbedingten Gehorsam ergeben sich drei Stücke: 1. Der Jesuit muß sich jedes eigenen Urteils begeben. Wenn der Obere ihm sagt: schwarz sei weiß, so muß er es glauben; so steht es wörtlich in seinen

Vorschriften. Der Jesuit darf 2. keinen eigenen Willen haben, sondern soll ein willenloses Werkzeug in der Hand seines Vorgesetzten sein. Er soll endlich 3. auch kein eigenes Gewissen haben, sondern sich unbedingt zu allem gebrauchen lassen, was die Oberen befehlen; er sei selbst persönlich vor Gott und Menschen unverantwortlich; jegliche Verantwortung ruhe auf dem Obern, welcher den Befehl erteile.

Man wird nun erkennen, mit welchem Rechte der Orden eine Maschine zu nennen ist, aber freilich nicht eine tote, sondern eine lebendige, an welcher jedes einzelne Rädchen, Stäbchen, ein denkender Mensch ist, das ganze belebt durch den Geist und Willen des einen Ordensgenerals. Nie hat die Welt eine ähnliche Institution gesehen! Nie hat man in einem stramm organisierten Militärinstitut eine solche absolute Verleugnung, ja Tötung des eigenen Ich, des eigenen Urteils, Willens und Gewissens gefordert. Man verlangt nicht bloß wie bei den Soldaten die That des Gehorsams, er mag sonst darüber denken, was er will, sondern man verlangt bei dem Jesuiten außer der That auch noch die Billigung, den Glauben, den Enthusiasmus für die That, das Herz. Der Jesuitenorden ist nur ein Mann, ein Geist, eine Seele, ein Herz, ein Wille, aber mit tausend und abertausend Köpfen, Armen, Händen, Beinen, also man kann sagen: ein Ungeheuer!

Aber, wie ist es doch nur möglich geworden, Menschen, ich sage Menschen, die die Freiheit über alles lieben, und bei denen das liebe Ich diese gewaltige Rolle spielt, dahin zu bringen, daß sie selbstlos, in allen Stücken, nicht nur pünktlichen, sondern sogar willigen Gehorsam leisten, und zwar mit vollem Enthusiasmus? —

„Was haben Sie für ein Glück, Herr Gevatter! Was haben Sie für ein Glück!" so hörte ich einst in einem rheinischen Gasthofe einen Mann bürgerlichen Standes einen Eintretenden begrüßen. Neugierig zu erfahren, was für ein Glück diesen im stolzen Selbstgefühl Strahlenden zu teil geworden, hörte ich: der Sohn sei gestern zum Priester geweiht worden. Derselbe könne nun Sünden vergeben, durch die Konsekration das Brot in Gott verwandeln, vor dem die Menschen auf die Knie niederfallen und den sie anbeten. Wie jedem französischen Soldaten der Marschallstab, spukt manchem pfiffigen katholischen Dorfjungen diese priesterliche Machtvollkommenheit im Kopf. Was Wunder, daß sich aus der fähigen Dorfjugend anstellige Knaben leicht zum Priesterstande anwerben lassen. Schon in jungen Jahren werden sie Jesuiten=Instituten zugeführt, und von diesem Augenblicke an sind sie wie verraten und verkauft. Nicht als wenn sie in diesen Instituten unglücklich wären oder sich nicht wohl fühlten! Im Gegenteil: man macht ihnen den Aufenthalt recht angenehm. Eine höchst anständige Gesellschaft, ein guter Tisch, gesellige Spiele, besonders das Billard, weil es das Lieblingsspiel des Ignatius war, Vergnügungstouren, theatralische Aufführungen, kurz alles, was die Jugend nur amüsieren kann, finden sie in den weiten prachtvollen Räumen. Selbst bei feierlichen musikalischen Aufführungen in der Kirche wird wohl, um nicht nur das Ohr, sondern auch den Mund zu erquicken, Konfekt herumpräsentiert. Auch in dem Jesuiten-Seminar zu Rom, dem Collegium germanicum, machen die schon erwachsenen Zöglinge alljährlich einen mehrwöchentlichen Ausflug aufs Land, wo es sich dann in der schönsten Villa und der herrlichsten Gegend ganz fröhlich lebt und die Jesuitenzöglinge spielen mit ihren langen roten Röcken Ball, ergötzlich anzusehen. — Das Bedürfnis wird also vollkommen befriedigt. Umsomehr aber nehmen auch die Paters im übrigen ihre Zöglinge in Zucht und Aufsicht. Intimere Privatfreundschaften einzelner Zöglinge untereinander werden nicht geduldet. Wo sie sich zu bilden scheinen, werden die Genossen sofort von einander getrennt. Auch sonst werden sie von der Welt hermetisch abgesperrt. Diese Isolierung geht so weit, daß die Fenster in dem Collegium germanicum zu Rom, welche zur Straße führen, mit

hölzernen Kasten versehen sind, die jeden Blick auf die
Straße verhindern. In Freiburg empfangen die Zög=
linge für das ihnen zur Verfügung gestellte Taschen=
geld wertlose Spielpfennige mit dem Jesuitenzeichen
J. H. S., welches nach dem dortigen Volkswitz bedeuten
soll: „Jesuiten heißen Schelme." Diese Münze gilt
natürlich in der Stadt nichts, in dem Institut hat sie
den Wert eines ganzen oder halben Franken. Auf
dem Spielplatz ist ein Laden, in welchem sie sich für
diese Münze ihre Chokoladentafeln oder andere Ergötz=
lichkeiten von einem Jesuiten kaufen können. Keinen
Augenblick, weder bei Tag noch bei Nacht, sind sie
ohne die genaueste Kontrolle. Nicht die kleinste Ord=
nungswidrigkeit kann vorfallen, ohne bemerkt zu werden.
Zahlreiche Väter, welche nobel und liebevoll mit ihnen
umgehen, umschweben sie auf Schritt und Tritt. Wer
sich nicht unbedingt fügt, wird sofort entlassen. Sie
gehen in Reih und Glied, doch nicht mit gleichem
Schritt, von den Paters geleitet in den Speisesaal und
wieder heraus, in die Lehrsäle, in die Kirche. In der=
selben Minute werden sie alle geweckt, in derselben
Viertelstunde müssen sich alle ankleiden; — so wird
die genaueste Kontrolle geübt.

Das Mechanische ist auch in den Lehrstunden
für die wissenschaftliche Ausbildung durchaus vorherr=
schend. Steife Lehrbücher werden in trockener Manier

durchgenommen, sinnloses Memorieren wird geübt; für Litteratur und Geschichte ist ein sehr enger Kreis gezogen, dagegen werden sie mit Legenden und Heiligengeschichten ganz umsponnen. Die Geschichte der Päpste, als der Hauptpersonen der ganzen Welt, muß sie für alles andere entschädigen. Das Leben und Treiben der Wissenschaft, die Kenntnis der geistigen Entwickelung der Völker, was Herz, Sinn, Gemüt entflammen und veredeln kann, wird ihnen fern gehalten. So wachsen sie von Jugend in einer fremden Welt auf, und werden in einer konsequenten Weise, ganz systematisch nach allen Seiten, vollkommen entweder direkt für den Jesuitenstand oder doch für die jesuitische Weltanschauungsweise mit raffinierter Schlauheit dressiert. — Daher kommt es, daß wir nicht selten von den Ultramontanen Behauptungen aufstellen hören, die uns wegen ihrer Geschichtswidrigkeit aufs höchste frappieren. Mit einer Keckheit werden Unwahrheiten der gröbsten Art ausgesprochen, daß man nicht weiß, ob man es für ein absichtlich lügnerisches Auskunftsmittel oder für Unwissenheit halten soll. Daher haben die Jesuiten bei den Verhandlungen des vatikanischen Konzils, wo der scharfe Janus mit unwiderleglichen geschichtlichen Beweisen sie unbarmherzig in die Enge trieb, geradezu erklärt: bei der Festsetzung der Wahrheit dürften geschichtliche Beweise nicht gelten.

Daraus ergiebt sich ferner, daß die Jesuiten die Schulen in ihrer Gewalt haben wollen, um alles aus dem Unterricht zu verbannen, was Herz und Gemüt veredeln, den Verstand wecken, den Willen und die Selbstthätigkeit stärken und beleben könnte. Es sagte ja noch kürzlich einer offen: Unsere Dummheit ist mir lieber als eure Wissenschaft. „Ihr braucht nicht soviel zu lernen!" sagte einst ein katholischer Geistlicher öffentlich zu den Kindern in der Schule. „Der frühere Lehrer hat die Kinder alle zu Advokaten gemacht!" Aber ein sicheres Wissen bestimmter Lehrsätze und eine gewisse Geschicklichkeit, um mit denselben geläufig operieren zu können, ist der Zweck der wissenschaftlichen Ausbildung, — alles im papistisch=ultramontanen Geiste, alles zu dem Zwecke, die Herrschaft der Welt dem Papste zu Füßen zu legen.

Ein Zwiefaches ist es demnach, was uns bisher bei der Vorbildung der Jesuiten vor Augen getreten ist, eine Befriedigung sinnlicher Behaglichkeit und eine systematische Absperrung von der Außenwelt, sowohl im persönlichen Verkehr, wie in der wissenschaftlichen Ausbildung. Bezeichnen wir beides in mehr religiöser und biblischer Ausdrucksweise, so heißt es: anständige Freiheit des Fleisches und Dämpfung des Geistes; eine klug berechnete, aber abscheuliche Erziehungsmethode.

Beides ist jedoch noch nicht genügend, um die Jesuiten

zu jenen fanatischen Enthusiasten zu machen. Denn solche sind sie auf der anderen Seite, wie sie auf der einen schlau berechnende, kalte Verstandesmenschen und feine Politiker sind. Den tüchtigen Soldaten erhebt die Vaterlandsliebe; die Liebe zu Weib und Kind haucht ihm jenen Mut ein, welcher alle Beschwerlichkeiten verachtend entweder zum Tode oder zum Siege führt. Zu jener mechanischen Disziplinierung muß demnach noch etwas anderes kommen, was jene rücksichtslose Hingabe und opferwillige Thätigkeit und Selbstverleugnung erweckt. Denn angethan und anfabriziert wird ihnen alles. Es wächst nichts in ihnen natürlich. Zwei Dinge sind es, welche ihnen diesen Enthusiasmus einflößen: Die Wunderwelt und die geistlichen Übungen.

Die Jesuitenzöglinge werden durch Legenden und Heiligengeschichten so außerordentlich überfüttert, daß sie in einer Wunderwelt zu leben glauben, und jede Kleinigkeit für ein Wunder halten. In der Nähe von Köln waren vor einigen Jahrzehnten einmal beim Spalten eines alten abgehauenen Baumstammes auf einem Stück Holz einige schwarze Linien, wahrscheinlich Gänge eines Wurmes, sichtbar geworden. Die Linien gingen etwas quer durcheinander, einem Bauern fiel das auf. Siehe da! ein Bild der heiligen Jungfrau! Alle Welt war erstaunt! Wallfahrten wurden zu dem Bilde gemacht. Das Bild bewirkte Wunderheilungen. Ich habe selbst eine ganz genaue Kopie von diesen Strichen gesehen, aber die angestrengteste Phantasie konnte keine Madonna erkennen. Freilich gingen zwei Linien nach unten etwas weiter auseinander, das war natürlich der heilige Reifrock, auch waren oben noch einige unförmliche Querstriche, das waren ebenso selbstverständlich Kopf und Arme. — Ein Engländer Duclos kam auf seiner Reise nach Italien auf dem Mont Cenis an eine sehr gefährliche Stelle. „Herr," sagte zu ihm der Maultiertreiber, „hier ist vor einem Jahr ein großes Wunder geschehen. Ein Reisender stürzte mit seinem Wagen in diesen Abgrund!" — Ist er denn nicht ums Leben gekommen? „Verzeihen Sie, er wurde in seinem Sturz zerschmettert, aber die Maulesel haben keinen Schaden gelitten." — Es verwirrt sich durch diese Wundersucht das Begriffsvermögen, der einfache nüchterne Verstand kommt den Menschen abhanden. Es verstellt sich ihnen die ganze Welt. Das römische Brevier, die Heiligengeschichten und Legenden sind voll der abenteuerlichsten Erzählungen. „Aber," sagt ein Schriftsteller, „sie haben den Einfluß auf das Volk, daß dieses nach ihnen keine pfäffische Absurdität (Abgeschmacktheit, Albernheit) mehr absurd findet. Sie sind der Garten abergläubischer Seelen; man findet dort Kräuter, welche wenigstens einschläfern, wenn sie auch nicht heilen."

Man kann sich schwer enthalten, einiges von diesem Unsinn aufzutischen, wobei man freilich sich selbst der Gefahr aussetzt, lächerlich zu erscheinen. Allein die folgenden Auszüge sind aus der Schrift des größten jesuitischen Heiligen der Neuzeit, Alphons M. v. Liguori. Die Schrift ist betitelt: „Die Herrlichkeiten Mariä," von einem Bischof mit einer Einleitung versehen und mit geistlicher Approbation herausgegeben. Also:

Der selige Franziskus Patrizius, ein großer Verehrer des Ave Maria, pflegte jeden Tag 500 Ave Maria zu beten. Hierauf verkündigte Maria ihm seine Todesstunde, und er starb wie ein Heiliger. Vierzig Jahre nach seinem Tode ging aus seinem Munde eine sehr schöne Lilie hervor (die später nach Frankreich gebracht wurde), auf deren Blättern man das Ave Maria mit goldenen Buchstaben geschrieben fand.

Einem Priester wurde 1228 beim Lesen einer heiligen Messe von Albigensern, die ihn plötzlich überfielen, die Zunge aus dem Munde gerissen. Auf sein inständiges Gebet setzte sie ihm Maria eigenhändig wieder ein. — Ein Ordensgeistlicher war zu träge beim Läuten niederzuknieen, um den englischen Gruß zu beten. Da sah er, wie der Glockenturm sich dreimal neigte, und vernahm die Stimme: Siehe, du thust nicht einmal, was doch die leblosen Wesen thun! — Ein Verbrecher, welcher die Gewohnheit hatte, täglich das Gebet zu sprechen: „Gebenedeite Jungfrau, hilf mir in der Stunde meines Todes," wurde zur Richtstätte geführt. Als er an einem Muttergottesbild vorbeikam und demselben die Füße küßte, sah man, wie die Statue den Arm ausstreckte, den Jüngling bei der Hand nahm, und ihn so festhielt daß es nicht möglich war, ihn loszureißen. Da hörte man von allen Seiten den Ruf: Gnade! Gnade!, worauf der Verbrecher freigesprochen wurde.

Namentlich werden viele Wunderdinge von dem heiligen Skapulier erzählt. Es besteht eine Kongregation vom heiligen Skapulier, d. h. von solchen, welche sich verpflichten, dasselbe zu tragen. Eine Erscheinung der Mutter Gottes, welche am 16. Juli 1251 dem Ordensgeneral Simon Stock zu Teil wurde, garantiert dem die ewige Seligkeit, der mit demselben bekleidet stirbt. Nun war ein leichtsinniger zu dieser Bruderschaft gehörender Jüngling, welcher, auf sein Skapulier trotzend, frech in Sünden dahinlebte, und aufmerksam gemacht, daß er vielleicht in der Todesstunde seiner Besinnung nicht mächtig sei, dasselbe fest an seine goldene Uhrkette heftete. Er starb im Vertrauen auf sein Skapulier ohne Beichte, aber, o Entsetzen! Die Kette war zerrissen, das Skapulier lag am Boden! —

Ein anderer ähnlicher Jüngling derselben Kongregation hatte sich mit seinem Blute dem Teufel verschrieben, und der Teufel verlangte, daß er sich in den Brunnen stürzen sollte. Da er den Mut dazu nicht hatte, verlangte er, daß der Teufel ihn hinabstürzen sollte. Aber der Teufel sprach zu ihm: Wirf zuerst das Stapulier hinweg, dann will ich dich hinabstürzen. Da der Jüngling, trauend auf die Mutter Gottes, das nicht wollte und sich lange mit dem Teufel herumstritt, mußte endlich der Teufel beschämt von dannen ziehen.

Da solche Albernheiten mit dem größten Ernste von den Jesuiten vorgetragen und in der That von den Zöglingen geglaubt werden, kann es uns nicht befremden, daß auch Wunder von ihnen selbst fabriziert werden. Ich werde zwei Beispiele aus der neueren Zeit vorführen, welche durchaus beglaubigt sind. In dem Freiburger Jesuiten-Pensionat befand sich in den vierziger Jahren ein junger Engländer Harry Clifford von vornehmer Familie und ausgezeichneten Anlagen des Geistes und Herzens. Er bekam ein Fußleiden; seine Freunde durften ihn besuchen. Das Übel verschlimmerte sich, der Besuch wurde untersagt. Weiter berichtete man, das Übel werde schlimmer, Harry bekomme Krämpfe; endlich, es sei alle Hoffnung auf Besserung verschwunden. Da wird die ganze viele Hunderte von Jünglingen umfassende Anstalt zu einer dreitägigen

Andacht der Mutter Gottes aufgeboten, eine gemein=
schaftliche Kommunion gefeiert, mit Pomp das heilige
Stück Hemd der Mutter Gottes aus dem Altar ge=
nommen, auf die Krankenstube gebracht und auf den
Fuß gelegt. Sofort verbreitet sich das Gerücht, es
sei eine Besserung eingetreten, und gegen Mittag, Harry
sei vollkommen genesen, und liege auf den Knieen vor
dem Altar, dankend für die ihm wunderbar bewiesene
Hilfe. Am Nachmittage erschien er wirklich auf dem
Spielplatz und spielte mit den übrigen Ball. Ein all=
gemeines Vive la sainte vierge! drang zum Himmel
empor. — Der Patient, den niemand eines Betrugs
fähig hielt, glaubte aufs allergewisseste an seine wun=
derbare Heilung. Kritik und Kontrolle bei den Paters
auszuüben, ist nicht möglich, weil ihre Wunder sich der
Öffentlichkeit entziehen.

Das zweite Beispiel führt uns nach Rom und
betrifft einen jungen, reichen schwärmerischen Israeliten
Alphons Ratisbonne aus Straßburg, der am 20. Ja=
nuar 1842 durch eine Erscheinung der Maria in einer
Seitenkapelle der Kirche St. Andrea delle Fratte plötz=
lich zum Katholizismus bekehrt wurde. — Eine wahr=
haft impertinente, mit großer Zuversicht gepaarte Zu=
bringlichkeit eines eifrigen Papisten hatte bei einem
kurzen, vierzehntägigen Aufenthalt auf diesen 28jährigen
Israeliten alle Eindrücke der Wunder und Herrlich=

keiten der Siebenhügelstadt gehäuft. Da betrat er, wie berichtet wird, zufällig die genannte Kirche. Doch ich lasse ihn selbst reden und führe die Worte an, welche von ihm berichtet werden. „Ich war kaum einige Augenblicke in der Kirche, als ich mich plötzlich von einer unerklärlichen Unruhe ergriffen fühlte. Ich blicke auf und sehe die ganze Kirche vor mir verschwinden; in einer Kapelle aber hatte sich alles Licht konzentriert, und in der Mitte dieser Strahlen erschien mir auf dem Altar in erhabener glänzender Gestalt, voll Majestät und Milde, die heilige Jungfrau Maria, so wie sie auf meiner Medaille abgebildet ist. Von einer unwiderstehlichen Kraft fühle ich mich zu ihr hingezogen. Die heilige Jungfrau giebt mir mit der Hand ein Zeichen niederzuknieen; ich kniee nieder und sie scheint zu sagen: So ist's gut! Sie sprach kein Wort, aber ich verstand alles!" — Von Stund an war Ratisbonne ein enthusiastischer Katholik, mit welchem ganz Rom Parade machte. Noch Jahre lang hat sich diese wunderbare Konversion im Andenken der Römer erhalten und sich als eine himmlische Bestätigung des mirakulösen Katholizismus geltend gemacht. Was ist nun von einer solchen Thatsache zu halten? Die Beantwortung dieser Frage gehört freilich nicht direkt zur Lösung meiner Aufgabe, indessen seien mir einige Worte erlaubt: Wenn die ganze Sache nicht ein schlauer Betrug des Ratisbonne selber ist, ersonnen, um seiner Persönlichkeit eine große Wichtigkeit zu verschaffen, so scheinen drei Fälle möglich zu sein. Entweder ist diese Erscheinung eine wirkliche, reale. Dies mag glauben, wer will. Auffallend bleibt, daß niemand weiter zugegen war. Der Herr Jesus that seine Wunder offen vor jedermanns Augen. Diese jesuitischen geschehen im Winkel und entziehen sich deshalb jeder Kontrolle. Zweitens könnte diese Erscheinung eine Vision sein, der keine objektive Thatsache zu Grunde lag. Visionen allerlei Art kommen häufig vor. Der galante französische Abbé le Bouthillier de Rancé sah auf einem Spaziergang im Park ein großes Feuermeer, das Fegfeuer, und seine kurz zuvor gestorbene Geliebte halben Leibes und händeringend mit den Flammen kämpfen. Das eigentliche Fegfeuer war natürlich nicht im Park, auch seine Geliebte nicht. Aber diese Vision machte auf den jungen Abbé einen ähnlichen Eindruck, wie jene Erscheinung auf Alphons Ratisbonne. Der Lebemann am Hofe Ludwigs XIV. wurde von Stund an der strengste Büßer und blieb es auch als General des Trappistenordens bis an sein Lebensende. Die Möglichkeit einer solchen Vision läßt sich vielleicht nicht bestreiten; ihre Wirklichkeit ist eine rein subjektive, individuelle, wie ihre Erfolge. Oder drittens: jene Erscheinung des Ratisbonne war ein

jesuitischer Betrug, ein physikalisches Experiment, ab=
sichtlich für Ratisbonne angelegt, das vortrefflich ge=
lang. Mehrere Nebenumstände lassen dies vermuten.

So viel ist wenigstens klar, daß diese phantastische
Wunderwelt, welche mit dem prunkvollen Sinnenkultus
so eng verschwistert ist, in abergläubischen Seelen, die
von Jugend auf mit diesem Weihrauchqualm umnebelt
sind, eine ganz ungewöhnliche Exaltation und einen
subjektiven Glauben hervorzubringen geeignet ist. Das
war es, was zunächst gezeigt werden sollte. Bei den
Irvingianern begegnen wir in der Neuzeit einer ähn=
lichen Richtung.

Die jesuitischen Mittel zur Erweckung eines reli=
giösen Enthusiasmus sind indes noch höhere und wirk=
samere. Dahin gehören die Exercitia spiritu-
alia, geistliche Übungen, so genannt nach jenem schon
vorhin erwähnten Buche des Ignatius, welches größten=
teils von ihm selbst verfaßt ist. In dieser Schrift ist
eine auf vier Wochen (welche aber gewöhnlich auf
acht bis vierzehn Tage verkürzt werden) berechnete,
bis ins einzelnste gehende Anleitung zu religiösen
Übungen und zur Selbstbetrachtung gegeben. Diese
Exercitia sind eine Frömmigkeitsfabrik. Ich nenne
sie eine Fabrik, weil sie schablonenmäßig betrieben wer=
den. Der Mensch wird in die Mache genommen, nach
einem Schema behandelt, um gewisse geistliche Resul=

tate zu erzeugen; ein recht eigentlicher, geistlicher Werk=
dienst grob sinnlicher Art. Die trübe Mischung von
Fleisch und Geist begegnet uns hier am auffälligsten.
Wie ein Arzt mit einem Kranken eine sorgfältige Kur
vornimmt, so sollen die religiös schlaffen und verwelt=
lichten Seelen in acht bis vierzehn Tagen kuriert, zu
neuem frischen Geistesleben umgewandelt werden. —
Ich will versuchen, in etwa ein Bild von denselben zu
entwerfen.

Es treten unter der Leitung jesuitischer Paters
eine Anzahl Kleriker, unter denen auch ältere und höhere
Personen, öfter dreißig bis fünfzig, in einem großen Kloster
zusammen. Jeder erhält seine Zelle, in welcher sich
nur die nötigsten Möbel befinden. Beichte, Predigt,
Nachdenken, Gebet füllen nach einem festen Plan die
Zeit aus. Dazu kommen sinnliche Erregungsmittel:
Fasten, Kasteiungen, Dunkelmachen der Zelle, ein Schä=
del, eine grausige Zeichnung eines von Würmern zer=
fressenen Leichnams mit der Unterschrift: „Was dieser
ist, wirst du einst sein," Mittel, welche geeignet sind,
Gemüt und Gewissen zu ängstigen. Die Vorschriften
erstrecken sich sogar bis auf die Stellung des Körpers:
mit dem Angesicht auf der Erde liegen, auf dem Rücken
liegen, stehen, knieen, den Blick wohin lenken, ein oder
zwei Schritte zurücktreten und dergleichen. Solche Vor=
schriften finden sich auch für die Jesuiten und ihr

Benehmen im gewöhnlichen Leben. So dürfen z. B. die Jesuiten nie mit über einander geschlagenen Beinen sitzen und sollen sich in allen Leibesbewegungen allezeit vollständig in der Gewalt haben. Es gehört demnach eine außergewöhnliche Anstrengung des Geistes dazu, um alle Einzelheiten genau zu befolgen. Auch die Gedanken werden schematisiert. Der Zögling muß alles nachdenken, was ihm vorgedacht wird. — Ich führe einiges an: „Man soll sein Fleisch züchtigen, indem man ihm einen körperlichen Schmerz zufügt, durch Tragen von Cilicien (Schmerzgürtel von Draht geflochten mit nach innen gekehrten Spitzen, die fast bei jeder Bewegung verwunden), oder indem man sich geißelt oder verwundet, oder durch anderes Ungemach." — „Man soll knechtische Furcht erwecken." — „Die Betrachtung der Hölle (ich führe wörtlich an) begreift zwei Vorspiele, fünf Punkte und eine Unterredung, wodurch man sich den Ort der Szenen vorstellt; indem man sich mittelst der Einbildungskraft die Hölle in ihrer Breite, Länge und Tiefe veranschaulicht. Der erste Punkt besteht darin, daß man im Geiste die ungeheuern Öfen der Hölle und die Seelen sieht; der zweite, daß man das Geächze, Geschrei und Lästern gegen Christus und die Heiligen hört, das an diesem Ort ertönt; der dritte, daß man den Rauch, Schwefel, die verpesteten Ausdünstungen eines Pfuhles von Un=

rat und Fäulnis riecht; der vierte, daß man sehr bittere Sachen kostet, wie Thränen oder etwas Ranziges oder auch den Wurm des Gewissens; der fünfte, daß man gleichsam das Feuer betastet, durch dessen Berührung die Seelen verbrannt werden." Rechnen wir dazu eine dreitägige Finsternis der Zelle, eine dreitägige Enthaltung jeglicher Nahrung und Schlaflosigkeit, die verlangt wird, sollte man da nicht Erscheinungen haben, Geister sehen, in Extase geraten? Am fünften Tage kommt das Weltgericht an die Reihe; am sechsten, an dem die Fenster mehr geöffnet sind, das Mittagsmahl feiner ist und die Kasteiungen unterlassen werden, findet die berühmte Andacht über die beiden Heerlager statt. Hier führt der heilige Ignatius den Christen zuerst in die Gefilde von Damaskus, wo Gott den Menschen schuf, dann nach Jerusalem und zeigt ihm den sein Kreuz aufpflanzenden Jesus, wie er seine Jünger einladet, ihm auf dem Wege der Demut und Buße zu folgen. Von da geht er mit einem wahrhaft begeisterten Schwung zu den Gefilden Babylons über, wo er den Satan, auf einem feurigen, dampfenden Stuhl sitzend, sehen läßt, wie er die Menschen auffordert, auf dem Wege der Sünde zu ihm zu kommen; und viele sind ihrer, die ihm folgen. Hier wird der Gläubige aufgefordert, sich zu entscheiden, wem er folgen will. (Papsttum und Jesuitismus Seite 10.)

Nun soll der Zögling ein Zwiegespräch mit der heiligen Jungfrau beginnen, daß sie die Gnade des Sohnes anflehe, ihn unter sein Banner aufzunehmen. Dann folgt ein zweites Gespräch, an Christus selbst gerichtet, daß er dieselbe Gnade von dem Vater auswirke. Ein drittes Zwiegespräch erbittet vom Vater dasselbe. Dazu kommt täglich eine zweimalige Gewissenserforschung. Man macht sich Striche, so oft man eine Sünde begeht, vergleicht den einen Tag mit dem andern, ob man Fortschritte in der Heiligung gemacht hat. Dabei geht der Pater spiritualis ab und zu und dirigiert den ganzen Seelen- und Gemütszustand, indem er aufklärt, berichtigt, ermahnt und dergleichen. — Soviel ist klar, daß diese Tage nicht der Faulheit und dem Müssiggange, sondern einer geistigen Kraftanstrengung gewidmet sind, die kaum auszuhalten ist, wenn alle diese Übungen mit gutem Willen und Ernst durchgemacht werden sollen. „Man wird dabei," so bekennt einer, der sie mitgemacht hat, „so mürbe, daß die Väter schon am dritten Tage mit einem anfangen können, was sie wollen." — „Nach einer sorgfältigen Gewissenserforschung über die Sünden des ganzen verflossenen Lebens legte ich eine Generalbeichte ab; am Schlusse der Woche beichtete ich noch einmal mit größter Zerknirschung, und dünkte mich nach beruhigendem Zuspruch des Beichtvaters und Empfang der Absolution rein und vollkommen entsündigt." Dem einen will eine solche Behandlung als eine wahre Geistestortur erscheinen, während sie sinnlich=religiös angelegte Gemüter in einer Weise verarbeitet, daß sie fortan für die gewöhnliche, von Gott geschaffene Welt unbrauchbar sind. Der eigentliche geistliche Gewinn oder vielmehr Schaden aller Anstrengungen aber ist der, daß die Zöglinge aus dieser Fabrik als stolze, aufgeblasene und eingebildete Heilige herauskommen, voll Jesuiterei, gewappnet als ächte brauchbare Werkzeuge für den Jesuiten=General. Diese aufs höchste getriebene, selbst gemachte, verschrobene Frömmigkeit, ist so himmelweit von jenem natürlichen, einfachen, seligen Glaubensleben eines in Christus mit Gott dem Vater versöhnten Kindes Gottes verschieden, wie ein selbstgerechter Pharisäer von einem begnadigten Sünder. Die Menschen sind und bleiben ihrem inneren Geisteswesen nach dieselben, sie mögen eine äußerliche religiöse Form annehmen, welche sie wollen. — Gott allein ändert das Herz durch seinen heiligen Geist. Diese Jesuiten aber werden durch solche Übungen für das Evangelium der Liebe und Gnade Gottes von Grund aus verrottet und verdorben, und dies umsomehr, da sie nicht in einer eiteln Negation leben, sondern in einer Position voll Feuer und Enthusiasmus und Heiligkeitsdünkel! Also höchst gefährliche Menschen!

Welche seelenverderblichen Abwege nach dieser Richtung hin liegen, sei kurz angedeutet:

Zunächst sollte man erwarten, daß diese überaus energischen Heiligkeitsbestrebungen wirklich fromme, heilige und ernste Menschen, wenn auch von verschrobener Manier, erzeugen würden. Gerade das Gegenteil ist der Fall! Durch solche maschinenmäßig forcierten Religionsübungen wird das Herz kalt und für wahrhaft religiöse Gefühle unempfindlich. Je mehr die Mönche beten, d. h. ihre Gebete hersagen, desto toter und abgestumpfter werden sie. Das ist der Fluch des Formalismus. Natürlich! Die Leute haben die Hölle gerochen, gesehen, ihr Feuer sogar betastet, aber erfahren, daß es nicht brennt. Die Folge dieser Phantasiespiele ist, daß diese Menschen wie Schauspieler mit den ernstesten Dingen gefühllos umzugehen gewohnt werden. Die Väter entwickeln darum bei ihren Land- und Stadtmissionen eine unglaubliche Kühnheit, ja Frechheit im Mißbrauch der heiligsten Dinge. Mit einer Gewalt und drastischen Beredsamkeit können sie die Schrecken der Hölle ausmalen, daß den Zuschauern die Haut schaudert; aber wie geschulten Komödianten verschlägt es ihnen nichts, mitten in der ergreifendsten Schauderszene einer zur Seite sitzenden Schönen ein Äuglein zu kneifen, wie ein verliebter Bräutigam. Wie koulanten Geschäftsleuten gehen ihnen die geistlichen

Dinge flott von der Hand. Wie es dem Kassierer eines großen Bankhauses gleich ist, ob er in Silber, Gold oder Papier, ob er 1000 oder 10 000 Thaler auszahlt, so bleibt den Jesuiten das Herz in derselben Temperatur, mögen sie von Himmel oder Hölle reden. Geist und Herz ist ihnen ertötet. Sie sind zu geist= lichen Maschinen geworden. Ihre Einwirkung auf das Volk aber ist ganz derselben Art. Da sitzen diese Leute nach einer achttägigen Mission, in der sie jeden Tag einen oder mehrere fulminante Predigten gehört haben, fleischlich=religiös erhitzt worden, in der Beichte absolviert sind, nach beendigter Kommunion in den Wirtshäusern hinter einem Glase Bier, und dünken sich ganz entsündigt und heilig, und voll Eifer für ihre Religion und verteufelten Hasses gegen die Ketzer. Statt zu sanften und frommen Engeln, werden sie zu wilden Teufeln gemacht. Das sind die gepriesenen Frlichte ihrer Wirksamkeit!

Ich mache noch auf eine andere verderbliche Folge aufmerksam:

Bei dieser ins äußere Thun hineingezogenen Hei= ligkeits=Fabrik und der damit verbundenen Seelener= forschung und Betrachtung der einzelnen Werke sind die Jesuiten immer tiefer in den groben äußeren Werk= dienst hineingeraten, nach welchem sie das einzelne Werk für sich betrachteten, ohne auf den wahren, dem Werke zu Grunde liegenden Geist besonderes Gewicht zu legen. Die gottgefälligen Werke kommen aus dem Glauben und Vertrauen zu Gott, aus der Liebe zu dem Herrn Jesus, der sein Leben für uns in den Tod gegeben. Was nicht aus dieser Gesinnung hervorfließt, ist Gott nicht gefällig. Solche Betrachtungen pflegen indes die Jesuiten nicht anzustellen, sondern in ihrer Kasuistik d. h. der Lehre von den Fällen, behandeln sie das einzelne Werk und fragen, ob dies zu thun erlaubt und jenes? Die Frage nach dem Was, nicht die Frage nach dem Wie ist ihnen eigen; und jene Frage wird sodann nach jener moralischen Schlaffheit behandelt, welche dem nachreformatorischen Zeitalter eigen war. Es wird z. B. die Frage aufgeworfen, ob einer zur Wiedererstattung eines gestohlenen Gutes verpflichtet sei? Nun werden die einzelnen Fälle behandelt, unter denen diese Frage vorkommen kann. — Diese Kasuistik haben die Jesuiten mit ungemeiner Schlauheit ausgebildet und darin **drei** höchst verderbliche Grundsätze aufgestellt. Der erste ist der **Probabilismus**, die Lehre von den wahrscheinlichen Meinungen. Z. B.: Muß ein Reicher einem an der Straße sitzenden Armen etwas geben? Sie sagen ja, aber da es wahrscheinlich ist, daß auch noch andere vorübergehen und dem Armen Almosen spenden werden, und demselben also geholfen wird, so kann er es auch lassen. — Ist man zweifel=

hast, muß man sich nach der Ansicht anderer berühmter Doktoren umsehen, und man darf ihren Meinungen folgen, obgleich man seine eigene für wahrscheinlicher hält, denn jene gelehrten Doktoren werden ohne Zweifel die Sache viel gründlicher untersucht haben als du. So heißt es wörtlich bei Eskobar, einem der berühmtesten Doktoren der Jesuiten: „Eine Frau hat ihren Mann ermordet, um ihren Buhlen zu heiraten und hat nachher mit ihm gesündigt; muß sie nun in der Beichte diesen Umstand aufdecken? Antwort: Henriquez sagt ja, ich aber stimme dem Lessius bei, der es leugnet! Das Resultat ist demnach: Man kann es thun und auch lassen, und in beiden Fällen sündigt man nicht.

Die zweite Lehre ist die Methode, die Absicht zu lenken, d. h. es kommt bei jeder That auf die Absichten an. Z. B. Du darfst nicht stehlen, in der Absicht Gottes Gebot zu übertreten, aber du darfst es thun, um dir Geld zu verschaffen, denn dies ist eine ganz erlaubte Absicht. Wörtlich aus Eskobar: „Du kannst deinem Feinde, der dir sonst sehr schaden würde, den Tod wünschen; nicht etwa aus Haß (das wäre unchristlich), sondern um deinem Schaden zu entgehen; du kannst dich auch über seinen Tod freuen, weil er dir Vorteil brachte."

Die dritte Lehre ist die von dem inneren Vor=

behalt und der zweideutigen Wortstellung. Sanchez, ein vollgültiger Doktor der Jesuiten, sagt wörtlich: So oft Worte ihrer Bedeutung nach zweideutig sind und einen mehrfachen Sinn gestatten, so ist es keine Lüge, sie in dem Sinn auszusprechen, welchen der Sprechende in sie hineinlegen will, obwohl diejenigen, welche sie hören, und an die sie gerichtet sind, sie in einem andern Sinne nehmen." Wörtlich aus Sanchez: „Wenn jemand, der eines Mordes schuldig ist, den er an einem Pater verübt hat, deshalb befragt wird, so darf er antworten: er habe den Pater nicht getötet, indem er an einen andern dieses Namens denkt; oder wenn er ebenfalls an den fraglichen Pater denkt, so darf er antworten: Ich habe ihn nicht getötet, nämlich mit dem innern Vorbehalt: vor seiner Geburt." „Eine solche Schlauheit," fährt Sanchez fort, „ist von großem Nutzen, sowohl um vieles zu verbergen, was verborgen bleiben muß, und was doch nicht ohne Lüge und Meineid verborgen werden könnte, wenn es nicht auf diese Weise geschehen dürfte. Rechtmäßiger Weise aber kann man sich einer solchen List bedienen, so oft es gilt, seinen Körper, sein Leben, seine Ehre zu erhalten, sein Vermögen zu schützen, oder irgendeine Tugend zu üben." Filliuccius fügt den Grund hinzu: „Weil der Endzweck die Güte der Handlung bestimmt." Es ist klar, daß man mit diesen drei Methoden alle möglichen moralischen und unmoralischen Kunststücke machen und alles verteidigen kann. Die Protestanten haben, obgleich sie früher die Kasuistik wenn auch in anderer als dieser gottlosen Weise betrieben, dieselbe nachher fast ganz fallen gelassen, und ihr Augenmerk in der Ethik auf die innere Beschaffenheit den Glauben, das innere Vermögen, gut zu handeln, auf den Geist gerichtet.

In wie ausgedehnter und verabscheuungswürdiger Weise die Jesuiten von jenen Lehren im Beichtstuhl und in der Politik Gebrauch gemacht haben, ist allgemein bekannt. „Wenn ihr unerschütterlich glaubt, daß euch zu lügen erlaubt ist, — so lügt!", das sind Worte eines Jesuiten. Bei solchen Lehren hört alles Vertrauen auf. Friedrich Hurter war heimlich zum Katholizismus übergetreten, blieb wohl aber noch an die zwanzig Jahre reformierter Antistes in Schaffhausen, bis man endlich den Fuchs aus dem Loche trieb und den Heuchler entlarvte. Am 27. Aug. 1865 ist er zu Graz gestorben; einer seiner Söhne wurde Jesuit (in Innsbruck). Nicht minder widerlich trieb es der hessische Oberhofprediger Starck, welcher, obwohl heimlich Katholik und während er die arglistigste aller Streitschriften gegen den Protestantismus („Theoduls Gastmal") schrieb — gleichwohl mehrere Jahrzehnte an der Spitze der evangelischen Kirche Hessen-Darmstadts stand.

Man kann nie wissen, wo man mit verkappten Jesuiten, mit Herren von der kurzen „Robe" zu thun bekommt. — Wer kann sich gegen solche Menschen schützen, von denen man weiß, daß sie unter vorgehaltener Maske einem fremden feindseligen Obern unbedingt gehorchen und das neuerdings prinzipgemäß ihr Bestreben auf den Untergang des protestantischen Kaisertums gerichtet ist und sein muß? Mögen sie tausendmal in loyalster Weise ihre Liebe zum deutschen Vaterlande beteuern, so sind's Beteuerungen mit dem inneren Vorbehalt: Dem katholischen und katholisch zu machenden Deutschland; d. h. mit anderen Worten: sie wollen unseren Untergang, d. h. in ihrem Sinne: unsere gewaltsame Bekehrung zum Katholizismus.

Aus der äußeren Organisation des Ordens müssen wir noch einige Umstände anführen, welche die Gefährlichkeit desselben in ein recht helles Licht stellen. Bis zum Jahr 1000 etwa waren die Orden lokal und also auch national. Von Clugny ging dann eine zentralisierende Reform aus, sodaß sie einen internationalen Charakter annahmen, zugleich mit der Erhebung der Kirchengewalt zur Universalmonarchie. Indessen beschränkte sich ihre Wirksamkeit stets auf wesentlich kirchliche Gebiete. Die Ordensprovinzen fielen mit den Landesgrenzen zusammen; kein Mönch durfte wider seinen Willen in eine andere Provinz gesandt werden.

Der Jesuitenorden hat das geändert, die nationalen Schranken abgeworfen: er kämpft nur für die Macht des Papstes. Um die einzelnen Priester dazu recht geschickt zu machen, sind erstens sämtliche Priester für sich isoliert. Privatfreundschaften, oder, wie sie genannt werden, Partikularfreundschaften, werden nicht geduldet. Dagegen ist eine gegenseitige Kontrolle mit der widerlichsten Angeberei eingeführt, sodaß kein Bruder dem andern trauen kann. In jesuitischen Mädchen=Pensionaten geht das wohl soweit, daß ein Mädchen nicht einmal dem anderen die Hand geben darf, es sei denn, daß sie Handschuhe anhaben. Jede körperliche Berührung soll vermieden werden. — Zweitens ist der feste, regelmäßige Chordienst, der in anderen Orden stattfindet, abgeschafft, so daß die Priester zu jeder Stunde frei und verfügbar sind. Nicht die Kontemplation, nicht eine Zufluchtstätte für bekümmerte Gemüter zu bieten, auch nicht Seelsorge, Predigt, Jugendunterricht an sich zu treiben ist der Zweck dieses Ordens. Soweit er dennoch dieses betreibt, geschieht es im Dienste der Herrschaft Roms: die Katholiken zu gewinnen, sie an ihren Orden zu fesseln und auf alle Lebensverhältnisse Einfluß zu ihren Separatzwecken auszubeuten, das ist der Endzweck der Jesuiten. — Drittens tragen die Priester kein bestimmtes Ordensgewand, sondern die gewöhnliche Kleidung der Weltpriester; auch dürfen sie, wo es erforderlich scheint, sich jeder andern weltlichen Kleidung, wie die der Kaufleute, Ärzte, Beamten bedienen, sodaß man nicht wissen kann, ob jemand ein Jesuit ist oder nicht. Um ihre Zwecke zu erreichen, dürfen sie ihren Glauben abschwören, sich zum Protestantismus bekennen, und nicht selten tauchen Persönlichkeiten der Art auf, die, wenn sie alles ausspioniert haben, bald wieder verschwinden. Es sind mir mehrere derartige Persönlichkeiten bekannt geworden, welche ich für verkappte Jesuiten habe halten müssen.

Es ist ferner noch folgendes zu berichten:

Die 7000 eigentlichen Priester des Ordens, außer welchen es noch vielerlei Anhängsel giebt, bilden nicht etwa das jesuitische Heer, mit welchem wir zu kämpfen haben, sondern nur den Offiziersstand, welcher über ein weiteres unzählbares, durch Gelübde mit ihm verbundenes Heer zu verfügen hat.

Dieses Heer bilden die sogenannten, besonders in neuerer Zeit aufgekommenen und den protestantischen Vereinen vielfach nachgebildeten Kongregationen, Sodalitäten und Bruderschaften. Unsere Vereine haben jeder für sich einen bestimmten Zweck, sind frei, fassen nur das spezielle Bedürfnis der Not, der äußeren oder inneren Mission ins Auge und treiben keine Kirchenpolitik. Gerade diese ist aber unter dem Aushängeschild irgend eines unschuldigen Zweckes bei jenen jesuitischen Kongregationen der Hauptzweck. Wenn z. B. in Plazentia in Italien eine Mädchen=Sodalität gegründet ist, deren Teilnehmerinnen sich verpflichten, nur einen ächt katholischen, von den Priestern gebilligten Mann zu heiraten, und die geistlichen Väter ihnen unter dieser Bedingung auch einen solchen garantieren, so liegt der eigentliche Zweck offen am Tage. Es ist nicht der, die Mädchen mit guten Männern zu versorgen, sondern alle Verhältnisse beherrschen zu wollen. Durch die Bruderschaften werden die Massen fanatisiert; es wird so eine Vereinigung der schwarzen und roten Internationale eingeleitet. Diese Bruderschaften werden durch Verdrehung geschichtlicher Thatsachen und lügnerische Vorspiegelungen haranguiert. Das ungebildete katholische Volk läßt sich dabei hundertmal betrügen, aber es wird stets neues erfunden, um dasselbe beständig im Echauffement zu erhalten und den geheimen Groll und die Begier nach dem protestantischen Besitz zu nähren. Massenpetitionen, Massenprozessionen, Wanderversammlungen, Volksaufläufe, wie in Essen, Aachen, Krefeld, Münster und andern Orten werden organisiert, und es wird kein Mittel zur Erhitzung der Gemüter vernachlässigt. Durch diese überaus zahlreichen Kongregationen der mannichfachsten Art haben sich die Jesuiten eine unzählbare, durch Gelübde fest aneinander gekettete Schar unterwürfig und dienstbar gemacht, so daß ihrem Winke Tausende bereitstehen, lüstern nach protestantischem Gut. Zur bestimmten Stunde können sie alle Macht auf einen Punkt konzentrieren, um in einer bedenklichen Stunde politischer Krisis mit einem Schlage die Herrschaft an sich zu reißen. Vergegenwärtigen wir uns, daß alles von einem Punkte in Rom, dem Jesuitenkloster, einer Person, dem Jesuiten=General geleitet wird, in dessen Hände jährlich über 6000 Briefe zum Teil mit Geheimschrift aus allen Enden der Erde zusammenlaufen, der mit absolut monarchischer Gewalt kommandiert, und allerseits bei seinen Untergebenen den bereitwilligsten Gehorsam findet, so werden wir die Gefährlichkeit dieses Ordens für Staat und Kirche wohl einsehen.

Zu diesen Brüderschaften kommt die Presse. Es ist unglaublich, wie viele Lokalblätter im Geiste jener Berliner „Germania" unter der geschäftlichen Redaktion vorgeschobener unbedeutender Persönlichkeiten, aber unter der wirklichen Redaktion von Kaplänen in den letzten fünfzehn Jahren gegründet worden sind. Die Bruderschafts=Leute müssen ein solches Blatt halten, andere Blätter zu lesen ist ihnen verboten. So werden allmählich im Stillen alle Positionen in Besitz genommen, möglichst viele Beamtenstellen besetzt, das Land durchwühlt, um einst sagen zu können: wir sind die Herren des Landes, wir haben die Herrschaft in Händen! Kaiser, du kannst gehen: Danke ab, oder werde katholisch! Es ist konstante Ansicht des katholischen Volkes, daß ein Kaiser katholisch sein müsse; er sei kein Kaiser, so lange er nicht vom Papste gekrönt sei; ein protestantischer Fürst dürfe sich gar nicht so nennen; und es sei ihre heiligste Pflicht, daß, damit nicht die ganze Welt auf den Kopf gestellt werde, sie diesen Kaiser nötigenfalls gewaltsam katholisch machen müßten.

Daß nun Ignatius Loyola mit seiner Schar das Ziel erreichen und den Protestantismus überwältigen werde, ist selbst abgesehen von Dem, der im obersten Regimente sitzt, bei der ungeheuren Ausdehnung des Protestantismus, der jetzt sogar die vom Papste verfluchten Bibelgesellschaften unter den Fenstern des Vatikans etabliert hat, ferner bei dem in ihm wurzelnden religiösen und wissenschaftlichen Leben, bei der kulturhistorischen Entwickelung aller Völker zur bürgerlichen und politischen Freiheit und zur Toleranz in der That keine wenigstens ganz naheliegende Gefahr. Aber Erfolge im einzelnen sind auch schon ein großer Schaden. Siege Österreichs und Siege Frankreichs würden partielle Bartholomäusnächte zur Folge gehabt haben.

Zwar die Liebe zum Vaterlande ist an keine Konfession gebunden, aber im Protestantismus tiefgewurzelt ist das Verständnis und die Teilnahme für die Kulturaufgaben des Staates, dessen Obrigkeit die Reformatoren den Gehorsam des evangelischen Volkes mit Nachdruck gesichert haben. Die Idee des nationalen Staates hat keinen erbittertern Feind als den Jesuitismus, keinen wärmeren Fürsprecher als den Protestantismus. Darum ist es ein verhängnisvoller Irrtum, die römische Kirche als die wesentlich staatserhaltende Macht, als den Hort der konservativen Interessen anzusehen.

Die Jesuiten und alle ächten in der Wolle gefärbten Ultramontanen müssen der Natur der Sache nach die Vernichtung des protestantischen Kaisertums als nächstes und höchstes Ziel im Auge haben. Sie müssen es, weil nach ihrer Anschauung der Papst als der Stellvertreter Christi der Herr ist, dem Gott alle Gewalt auf Erden übergeben hat und Preußen diejenige Macht ist, welche der Verwirklichung dieser Ansprüche am meisten im Wege steht. Alle päpstlichen Anmaßungen eines Gregor und Innocenz werden bis zur heutigen Stunde mit der Absicht ihrer praktischen Verwirklichung aufrecht erhalten. Denn nach dem 23. Satz des Syllabus haben die römischen Päpste noch nie die Grenzen ihrer Gewalt überschritten, weil es ihrer Ansicht nach gar keine solchen Grenzen giebt. Ihre Gewalt ist gleich derjenigen Gottes absolut unbegrenzt. Es ist Lehre des Syllabus (Satz 24), daß die Kirche Macht hat, Gewaltmittel anzuwenden. Der gewaltthätige Ultramontanismus, wie Pressensé die Partei des Univers im Unterschiede von dem liberalen Ultramontanismus eines Montalembert und anderer Männer nennt, jener Ultramontanismus, welcher am liebsten, wie ehedem in Böhmen und Belgien die protestantischen Fürsten von ihren Thronen, die protestantischen Grafen und Bauern von ihren Gütern vertriebe, um sich wie die Kinder Israels in dem gelobten Lande in diesen von Ketzern gesäuberten Plätzen zu etablieren, ist von dem Papste durch den Syllabus legitimiert und nun vollends durch das Infallibilitäts=Dogma zur allgemein herrschenden Richtung in der römischen Kirche geworden. Lehre des Syllabus (Satz 20) ist es, daß die Kirche ihre Autorität ohne Erlaubnis und Zustimmung der Staatsgewalt ausüben, diese sogar der Kirche dazu den weltlichen Arm leihen soll. Es ist allzeit Lehre der Päpste gewesen, daß Ketzer und ketzerische Fürsten überhaupt Rom gegenüber gar kein Recht der Existenz haben. „Eine der feierlichsten Kathedral=Bullen, sagt der Altkatholik Reinkens*) die je erlassen worden sind, ist die Pauls IV.: Cum ex apostolatus officio von 1558. Darin ist jeder häretische Fürst seines Landes verlustig erklärt, das dem zuerst davon Besitz ergreifenden gehören soll, welcher in der Einheit der römischen Kirche und im Gehorsam gegen den Papst steht. Wer den ketzerischen Fürsten aufnimmt, verteidigt oder auch nur begünstigt, ist durch

---

*) Die päpstlichen Dekrete v. 18. Juli 1870. VI. 25.

diese That, ohne daß es eines weiteren Richterspruches bedarf, exkommuniziert und infam, ehrlos, aller bürgerlichen und kirchlichen Rechte verlustig." Diese Bulle ist in voller Kraft. Mithin ist jeder Jesuit in einem protestantischen Staate ein Revolutionär, denn die Jesuiten sind es, welche diese Ansprüche zu realisieren beabsichtigen, auch vor keinem Mittel zurückschrecken. Aber nicht nur die protestantischen, sondern auch die katholischen Staaten sollen dem Willen des Papstkönigs untergeben sein. Der Papst will Gott auf Erden sein, und die Jesuiten wollen ihn dazu machen.

Man wird mir entgegnen: Worte! Worte!, aber von da bis zu Thaten ist ein weiter Schritt! Das heißt doch Gespenster sehen, wenn man an eine derartige thatsächliche Verwirklichung so unverschämter Ansprüche glauben wollte!

Auf diesen Widerspruch ist ein Dreifaches zu erwidern:

Erstens: Wem wäre auch nur ein einziges offizielles Wörtlein der Kurie bekannt, das auch nur im entferntesten eine Anerkennung der protestantischen Kirche oder protestantischer Fürsten als solcher in sich schlösse? Dagegen führe ich ein Wort des unfehlbaren Papstes Pius IX. vom 25. Mai 1871 an, gesprochen über das, dazu noch für ihn äußerst günstige, Garantiegesetz der italienischen Regierung und womit er deutlich genug die Stellung des

Papstes selbst zu katholischen Staaten kennzeichnete: „Ist nicht selbst die Gewährung der Garantieen, wovon wir sprechen, ein schlagender Beweis, daß man sich an= maßt, uns Gesetze aufzuerlegen, uns, denen von Gott die Macht gegeben ist, hinsichtlich der moralischen und religiösen Ordnung Gesetze zu geben, uns, die wir zu Auslegern des natürlichen und göttlichen Rechtes im ganzen Gebiet des Weltalls verordnet sind!" — Ja= wohl, „der Gott im Vatikan nimmt die Sache im Ernst. Er hält sich für die immer lebendige und universelle inkarnierte Offenbarung. Mit Gott unterzeichnet man keinen Vertrag; man beugt sich anbetend vor ihm, oder — man läßt ihn in seinem Olymp, ohne sich über ihn zu beunruhigen." (Huet).

Zweitens. Inbetreff der Inangriffnahme der Verwirklichung dieser Ansprüche beachte man die auf allen Seiten erfolgenden Angriffe auf die Staatsge= walten. Die Konkordate werden von der Kurie zer= rissen, wie in Bayern, während sie gegen die Ab= schaffung des Konkordates in Österreich protestierte. Rom kanns thun, der Staat darf es nicht!? Die Verträge und Festsetzungen werden wie bei der Genfer Bischofs=Angelegenheit ignoriert. Die Bischöfe erklären seit dem Infallibilitätsdogma geradezu, die Staats= gesetze nicht halten zu können, insofern sie den Kirchen= gesetzen widerstreiten. Wie oben gezeigt, widerstreitet aber schon die Existenz protestantischer Fürsten den Kirchengesetzen. Sie haben dem Könige den Eid der Treue geschworen mit der ausdrücklichen Erklärung, daß kein Konflikt zwischen den Staatsgesetzen und den Kirchengesetzen bestehe. In dem Eidschwur, welchen der frühere Erzbischof Melchers von Köln den 14. April 1866 in Gegenwart des Königs leistete, heißt es wörtlich: „Ich verspreche dieses alles um so unverbrüchlicher zu halten, als ich gewiß bin, daß ich mich durch den Eid, welchen ich Seiner päpstlichen Heiligkeit und der Kirche geleistet habe, zu nichts verpflichte, was dem Eide der Treue und der Unterthänigkeit gegen Se. Königliche Majestät entgegen sein kann." Jetzt wollen die Bischöfe Kautelen einführen, welche alle päpstlichen Anmaßungen involvieren. Es bleibt die Vereinigung dieses Eides mit dem Syllabus eine dunkle Partie, welche nur das Licht des Jesuitismus aufzuhellen vermag. Warum faßt man nicht in den diplomatischen Verhandlungen mit der Kurie diesen Punkt ins Auge, um das Verhältnis der Kurie zu protestantischen Fürsten auf reinen Fuß zu setzen? Entweder erklärter Krieg oder ehrlicher Friede! Die allenthalben auftauchenden Streitigkeiten sind nicht die accidentellen, sondern die beabsichtigten Folgen der Proklamierung der päpstlichen Infallibilität. Die Kurie ist von den Staaten, sogar von den anfangs dissentierenden Bischöfen offiziell auf diese Streitigkeiten als notwendige Folgen des Konzils aufmerksam gemacht worden, aber sie ist trotzdem, und ohne vorher mit den Staaten zur Beseitigung derselben Verhandlungen einzuleiten, auf ihrer Bahn rücksichtslos allen Widerstand niedertretend fortgeschritten Die Kurie **will** also Händel, um den großen Kampf, um die Herrschaft der Welt allmählich einzufädeln. — Ich will nicht näher auf die geheimen Satzungen der Jesuiten eingehen, um Erbschleichereien zu organisieren, sich Geldmittel zu verschaffen und dergleichen, will nicht von der sogenannten Christianisierung des Kapitals, den Dachauer Banken, u. dgl. reden, sondern nur kurz erwähnen, daß unermeßliche Geldmittel ihnen zur Verfügung stehen. — Sollte es nun noch einem Zweifel unterliegen, daß die Jesuiten in die kräftigste und umfassendste Aktion zur Erlangung der Weltherrschaft eingetreten sind, und daß sie selbst im Blick auf die Massen, die zweihundert Millionen, welche hinter ihnen stehen, den ernsten Glauben haben, sie auch im günstigen Augenblick an sich reißen zu können?

Aber drittens: Wie steht es mit der **Ausführbarkeit**? Vor dem Jahre 1848 war der Jesuitenorden in keinem deutschen Territorium seßhaft. Jetzt haben sie in den meisten großen katholischen Städten ihre zahlreich besetzten, glänzend ausgestatteten Etablissements. Den anfänglich widerstrebenden Episkopat und die liberalere, friedlicher gesinnte Weltgeistlichkeit haben sie derart terrorisiert, daß sie mit wenigen Ausnahmen auch die widerstrebendsten Elemente unter sich gezwungen haben. Sie gebieten über den Papst, indem sie ihn mit ihrem Weihrauch umnebelnd und anbetend auf ihren Schild heben. Ich führe in Beziehung auf das westliche Deutschland einige Mitteilungen des Professor Schulte in Prag an, welcher in dieser Hinsicht die umfassendsten Kenntnisse besitzt: Es kamen in Aachen auf 67000 Katholiken 613 geistliche Personen, d. h. auf 110 eine; in Münster auf 34000—523, d. h. auf 61 eine, in Trier auf 56, in Paderborn auf 33 eine. Die weiblichen Ordensschwestern, welche ebenso thätig arbeiten, sind mitgerechnet. Rechnen wir die Hälfte der Katholiken als Kinder und Unmündige ab, so ergiebt sich, daß in Paderborn auf 16, in Münster auf 30 eine geistliche Person kommt, welche den jesuitischen Bestrebungen dienstbar ist. In den vier Diözesen Köln, Trier, Münster und Paderborn stehen mehr als 10000 Personen in direkter Abhängigkeit und absolutem und enthusiastischem Gehorsam der Jesuiten. In Preußen giebt es etwa 9000 Priester und 7000 Anhänger des Jesuitenordens, in ganz Deutschland über 18000 Priester und 11000 Anhänger des Jesuitenordens. Rechnet man zu diesen 30000 jene zahllosen Mitglieder der

Sodalitäten, Bruderschaften, Genossenschaften, so haben wir bei 30000 Offizieren eine ganz respektable Armee, die des Winkes gewärtig ist, wenn es gilt das protestantische Joch abzuschütteln. Man faßt vor allem die großen Städte ins Auge, und wenn in einer solchen Stadt einige hundert Personen nach einer Richtung hin arbeiten und den Jugendunterricht und den Beichtstuhl in ihrer Hand haben, so ist es wohl klar, daß sie dieselbe gehörig verarbeiten und ihr in zwanzig Jahren einen ganz anderen Charakter verleihen können!

Wir haben demnach den Jesuitenorden als einen Staat im Staate, ja als eine Kirche in der Kirche zu betrachten, der in sich geschlossen, festgegliedert in absolutem Gehorsam unter dem allmächtigen General und der Person des Papstes, unabhängig von allen Kardinälen und Bischöfen und der ganzen übrigen Geistlichkeit, mit reichen Privilegien ausgestattet, sich um die ganze Welt nicht kümmert und nur thut, was er, der General, will, und seine bestimmten Zwecke verfolgt. Ein Jesuit darf nicht nach hohen Ehrenstellen in der katholischen Kirche trachten, darf, nach weiser Berechnung des Ignatius, weder Bischof noch Kardinal werden und sich in keine, sonst noch so vorteilhaften Verhältnisse und Verpflichtungen einlassen, welche ihm Verbindlichkeiten auferlegen würden, die für die Operationen des Ordens hinderlich wären. Dabei entwickelt er eine Gewandtheit, sich in alle Zustände zu fügen, sich allem anzubequemen, und mit weltmännischer Weitherzigkeit alles zu dulden und geschehen zu lassen, Ausnahmen zu gestatten, um den etwaigen Skrupeln einzelner auszuweichen. Mit großer Klugheit und Geschmeidigkeit und einschmeichlerischem Wesen und Nachgiebigkeit suchen die frommen Väter sich Vertrauen zu erwerben, und, wie es scheint, charakterlos und inkonsequent auch die Gebräuche und Sitten anderer anzunehmen, wie dies insbesondere bei der Heidenmission geschehen ist, alles aber nur um desto fester und entschlossener und mit großer Unerschrockenheit und allen Gefahren trotzendem Mute das eine Ziel, die Herrschaft des Papstes, zu verfolgen. Sie lieben es nicht nur im kleinen sondern auch im großen zu operieren, an den Höfen der Machthaber und den Centren der Zivilisation, erst langsam und heimlich, endlich mit Gewalt und blutiger Verfolgung. „Wir allein und niemand anders." Das mußte auf die Dauer zum Kriege führen. So kam es denn auch.

Denn es kann nicht wunder nehmen, daß eine Institution mit so kluger Berechnung und solcher Kraft der Begeisterung bald eine ausgedehnte Wirksamkeit erreichte und große Erfolge erzielte. Abgesehen von der Zurückführung vieler Protestanten in die römische Kirche, besonders in Österreich, faßten die Jesuiten auch in allen übrigen katholischen Ländern, ja selbst in den fernen

Erdteilen unter den Heiden festen Fuß, und der Orden stand bald in großer Blüte, einem Netze gleich, welches mit seinen Maschen alle Verhältnisse umspannt. Aber eben diese glänzenden Erfolge verführten auch die Gesellschaft, sich in alles einbrängen, und alles allein beherrschen zu wollen. Sie mischte sich in die Politik, bearbeitete die Regenten, trieb großen Handel, stiftete sogar in Amerika, in Paraguay, einen eigenen Staat und beherrschte, möchte man sagen, fast die halbe Welt. Dadurch verwickelte sie sich nicht nur in viele Streitigkeiten, sondern zog sich auch die Feindschaft und den Haß aller zu, welche sich ihr nicht unbedingt unterwarfen. Die katholischen Bischöfe und die Weltgeistlichkeit, welche sie beherrschen wollte, traten ihr entgegen. Die laxen und schändlichen Moralgesetze, welche mit immer größerer Dreistigkeit verkündigt wurden, fanden in allen ernstgesinnten Männern die heftigsten Gegner, und wurden, namentlich von dem Franzosen Pascal mit den schärfsten Worten und beißendem Witz vor aller Welt zum Gespötte an den Pranger gestellt. Das alles hatte zur Folge, daß die Staaten sich dieser eindringlichen und lästigen Zöglinge des Loyola zu erwehren suchten.

Zuerst that dies Portugal. Sie wurden der Teilnahme an einem Mordanfall gegen den König Josef I. beschuldigt und 1759 aus dem Lande verbannt. Dasselbe geschah bald darauf, im Jahre 1764, in Frankreich, da sie durch einen ausgedehnten Handel die kaufmännischen Interessen bedenklich schädigten. 1767 wurden sie aus Spanien verbannt, und noch im selben Jahre auch aus Neapel. So kam es, daß endlich auf das Drängen der Monarchen der Papst Clemens XIV. sich zur Aufhebung des Jesuitenordens entschloß.

Aus dem darauf bezüglichen ziemlich umfangreichen Breve des Papstes vom 21. Juli 1773 teile ich die wichtigsten Stücke in wortgetreuer Übersetzung nach Wolfs Geschichte der Jesuiten, Band III, Seite 433 u. fgg. mit.

„Klemens XIV, römischer Papst, zum immerwährenden Andenken."

Nachdem der Papst in vielen Beispielen nachgewiesen hatte, daß auch andere Päpste vor ihm verschiedene Orden aufgehoben hatten, und darauf hingewiesen, daß sogar Innocenz III. „auf der vierten allgemeinen Kirchenversammlung im Lateran verboten, neue Orden zu stiften" . . . und „Papst Gregor X. auf der allgemeinen Kirchenversammlung zu Lyon nicht nur die Verordnung des Papstes Innocenz III. erneuert, sondern dieselbe noch näher dahin eingeschränkt, das niemand in Zukunft einen neuen Orden stiften, ein neues Klosterleben aufbringen, oder ein neues Ordenskleid anziehen solle u. s. w., so haben wir es weder an Fleiß noch Untersuchung ermangeln lassen, um alles dasjenige in Erfahrung zu bringen, was den Ursprung, Fortgang und gegenwärtigen Zustand des Regularordens betrifft, welcher gemeiniglich die Gesell=schaft Jesu genannt wird. Wir fanden in unseren Untersuchungen, daß dieser Orden von seinem heiligen Stifter zum Heil der Seelen, zur Bekehrung der Ketzer und besonders der Ungläubigen, zur Beförderung der Frömmigkeit und Religion errichtet wurde" . . . „dessen ungeachtet ersieht man . . . daß in dieser Gesellschaft gleich bei ihrem Entstehen mannichfacher Same von Zwietracht und Eifersucht, nicht nur allein in der Ge=sellschaft selbst, sondern auch gegen andere Regularorden, gegen die Weltpriesterschaft, gegen Akademien, Univer=sitäten, öffentliche Schulen, ja sogar gegen Fürsten aufgekeimt sind, in deren Staaten sie aufgenommen worden; und daß diese Streitigkeiten bald über die Beschaffenheit der Natur der Gelübde, über die Zeit der Zulassung zu denselben, über die Gewalt, Glieder auszustoßen; . . . bald aber auch über die unum=schränkte Gewalt, die sich der vorgesetzte General dieser Gesellschaft anmaßte, über andere die innere Regierungs=verfassung betreffende Gegenstände, und bald über Lehr=meinungen, Schulen, Freiheiten und Privilegien ent=standen sind, welche die ordentlichen Bischöfe und andere in geistlichen und weltlichen Würden stehende Personen ihrer Gerichtsbarkeit und ihren Gerechtsamen zuwider

zu sein erachteten. Endlich fehlte es nie an den wich=
tigsten Beschuldigungen, die man den Gliedern dieser Ge=
sellschaft machte, und welche den Frieden und die Ruhe
in der Christenheit nicht wenig störten." . . . „Alle
diese Anstalten (zur Verbesserung) reichten aber so
wenig hin, das Geschrei und die Klagen wider die
Gesellschaft zu stillen, daß vielmehr von Tag zu Tag
die beschwerlichsten Streitigkeiten über die Lehre der
Gesellschaft, welche sehr viele für Rechtgläubigkeit und
Sitten anstößig hielten, sich fast über die ganze Erde
ausbreiteten. Es entstanden dabei auch innerliche und
äußerliche Uneinigkeiten, und es liefen häufige Klagen
über ihre unersättliche Begierde nach irdischen Gütern
ein. Aus alledem sind wohl die weltbekannten Un=
ruhen, welche den apostolischen Stuhl in den tiefsten
Kummer und Verdruß stürzten, als auch die wider die
Gesellschaft von einigen Fürsten gefaßten Entschließungen
entstanden." . . . „So heben wir aus diesen
wichtigen Beweggründen, und aus anderen Ur=
sachen, . . . mit reifer Überlegung, aus ge=
wisser Wissenschaft und aus der Fülle der
apostolischen Macht erwähnte Gesellschaft auf,
unterdrücken sie, löschen sie aus, schaffen sie
ab und heben auf alle und jede Ämter, Bedie=
nungen und Verwaltungen, ihre Häuser, Schulen" u. s. w.
„ihre Statuten, Gebräuche, Gewohnheiten, Dekrete,

Konstitutionen, wenn sie gleich mit einem Eide oder durch eine apostolische Bestätigung oder auf eine andere Art befestigt sind" u. s. w. . . . . „Und daher erklären wir, daß alle und jede Gewalt des Generals, der Provinzialen, der Visitatoren, und aller anderen Vorgesetzten erwähnter Gesellschaft sowohl im Geistlichen als im Zeitlichen aufgehoben und auf **immer** vernichtet bleiben soll, und übertragen eben diese Gerichtsbarkeit und Gewalt auf die ordentlichen Bischöfe der Örter in ihrem ganzen Umfange." . . . „Wir verbieten auch durch Gegenwärtiges, daß keiner mehr in gedachte Gesellschaft aufgenommen und zur Einkleidung und Noviziat zugelassen werde." . . . „Wir verbieten auch, daß niemand nach Bekanntmachung dieses Breves sich unterstehen soll, unter dem Vorwande einer Bitte . . . . die Vollziehung desselben im geringsten aufzuhalten. Denn wir wollen, daß von nun an sogleich die Aufhebung und Unterdrückung des Ordens auf oben beschriebene Weise wirklich werde bei Strafe des uns und unseren Nachfolgern vorbehaltenen größeren Banns, welcher gegen alle, die sich unterfangen, der Erfüllung dieser unserer Verordnung Hindernisse in den Weg zu legen, sogleich verhängt werden soll." . . . „. . . Dieses Breve soll für immer fest, unverrückt und wirksam sein und bleiben, ganz ohne alle Zurückhaltung befolgt, und von allen und jedem, die es angeht, und in Zukunft angehen wird, unverletzt beobachtet und gehalten werden." . . .

„Gegeben zu Rom bei der heiligen Maria der Größeren, unter dem Fischerring, den 21. Juli 1773, im fünften Jahre unseres Pontifikats."

Der Papst unterzeichnete dieses Breve mit den Worten: „Diese Aufhebung wird mir das Leben kosten." Er starb den 22. September 1774 — an Jesuitengift, — wie durch fast unwidersprechliche Zeugnisse dargethan ist.

Ein „unfehlbarer" Papst hat demnach 1773 den Jesuitenorden aufgehoben, ein anderer „unfehlbarer" Papst Pius VII. hat ihn 1814 wieder eingesetzt. So konnten die Jesuiten ihr altes Spiel wieder von neuem anfangen. Sie haben es gethan, und die natürliche Folge war, daß Rußland, Frankreich und Deutschland sich genötigt sahen, die Jesuiten wiederum aus ihrem Lande zu verbannen. Wer weiß, wann sie wieder kommen? Unterdes haben sie doch ihre geheimen Werkzeuge und zu Verehrern alle Ultramontanen. Die uns von daher drohende Gefahr müssen wir allzeit ernstlich im Auge behalten, so gut wie die Revanchegelüste in Frankreich.

Was man in französisch-jesuitischen Kreisen der deutschen Reichsregierung an Kindeseinfalt oder Schwachheit zutraut, haben neulich etliche „Väter vom h. Geiste" bewiesen, welche aus Frankreich nach Berlin kamen, um die Erlaubnis zur Legung eines Kuckucksei in die neuen deutsch=afrikanischen Kolonien zu erhalten. Der Reichskanzler, über den kühlen Empfang dieser sonderbaren Gäste von Herrn Windthorst im Reichstage heftig angelassen, verneinte die Absicht, katholische Missionen auszuschließen; die Ausschließung der Jesuiten bestätigte er und zwar aus folgenden Gründen: 1) weil die Jesuiten durchs Reichsgesetz aus Deutschland ausgeschlossen seien und er die Logik, daß die Reichsgesetze in den Kolonien nicht gelten, den Jesuiten überlassen müsse; 2) weil die betreffenden Jesuiten eine französische Gesellschaft seien; 3) weil der Jesuitenorden überhaupt antinational, für alle nationalen Bande zersetzend, und seine geistlichen Ziele „nicht geistliche, sondern weltliche Herrschaft seien." Unterdessen werden schon von verschiedenen Seiten Andeutungen über allerhand Besuche der schwarzen Herren im deutschen Reiche selbst gemacht, namentlich aus der preußischen Rheinprovinz, wo in und um Maria=Laach, in Koblenz, in Ahrweiler fortwährend sich Jesuiten aufhalten und in bekannter Weise wirken sollen. Ja, in Koblenz sollen nach dem „Altkatholischen Boten", der sich auf die „Weser= und Kölner Zeitung" beruft, Jesuitenexerzitien abgehalten worden sein und der Jesuitenpater Pesch hat sogenannte religiös=wissenschaftliche Vorträge gehalten, denen zufolge alle Übel unserer Zeit von der Reformation herstammen.

Ich habe die von seiten des Jesuitenordens drohende Gefahr, sowohl nach seinem inneren Wesen, nach seinen Bestrebungen und Tendenzen, wie nach seiner Ausdehnung und Macht genugsam charakterisiert, eine Gefahr, welche nicht nur den Protestantismus, sondern mit ihm alles das, was uns lieb und teuer ist, bedroht. Vertrauen wir indes nicht so sehr auf unser tapferes Heer und die augenblickliche Machtstellung des deutschen Reiches, auch nicht auf die kulturhistorische Entwickelung unseres Volkes! Es sind dies freilich zwei gewaltige und starke Stützen unseres blühenden Glückes. Und doch — sehen wir uns nach noch festeren Stützen um! Ich meine jenen weltüberwindenden Glauben, der in klarer bewußter Erkenntnis des Heils in Christus gegründet ist, der das Herz erfüllt, belebt, beseligt, der ebenso stark im Tragen der Leiden wie mutig im Kampfe ist. Suchen wir in diesem Glauben die gute Sache mit allem Eifer zu stärken! Er möge uns vor allem vor jener Sicherheit und Lässigkeit bewahren, welche dem Feinde freies Feld einräumt. Erflehen wir insbesondere die Gnade unseres treuen Gottes, des die Sache ist, des Herrn unseres Gottes, der des Papstes und der Jesuiten spottet. Die Gnade des Allmächtigen, der sichtbar und herrlich uns bis hierher geführt hat, walte über uns und unserem teuren Kaiser, und lasse uns, wenn auch in verschiedenen Gemächern, doch in dem gemeinsamen Hause des deutschen Vaterlandes in Ruhe und Frieden leben in aller Gottseligkeit und Ehrbarkeit, und mache unsere Feinde zu Schanden zu Seinem Lob und Preis.

Vorstehendes Schriftchen ist ein veränderter und den jetzigen Zeitumständen entsprechender Abdruck des 1872 in Bremen gehaltenen z. B. in gleichem Verlage erschienenen, längst vergriffenen Vortrages über „Die Gefährlichkeit des Jesuitenordens," zugleich erweitert und mit einem Auszuge aus dem Breve des Papstes Klemens XIV. über die Aufhebung des Jesuitenordens versehen. D. B.